AF205500

Impressum
Verlag: BABADADA GmbH, Nedderfeld 112 , 22529 Hamburg
Geschäftsführer / Verlagsleitung: Harald Hof
Druck: Books on Demand GmbH, In de Tarpen 42, 22848 Norderstedt

Imprint
Publisher: BABADADA GmbH, Nedderfeld 112 , 22529 Hamburg, Germany
Managing Director / Publishing direction: Harald Hof
Print: Books on Demand GmbH, In de Tarpen 42, 22848 Norderstedt

école
sekolahan

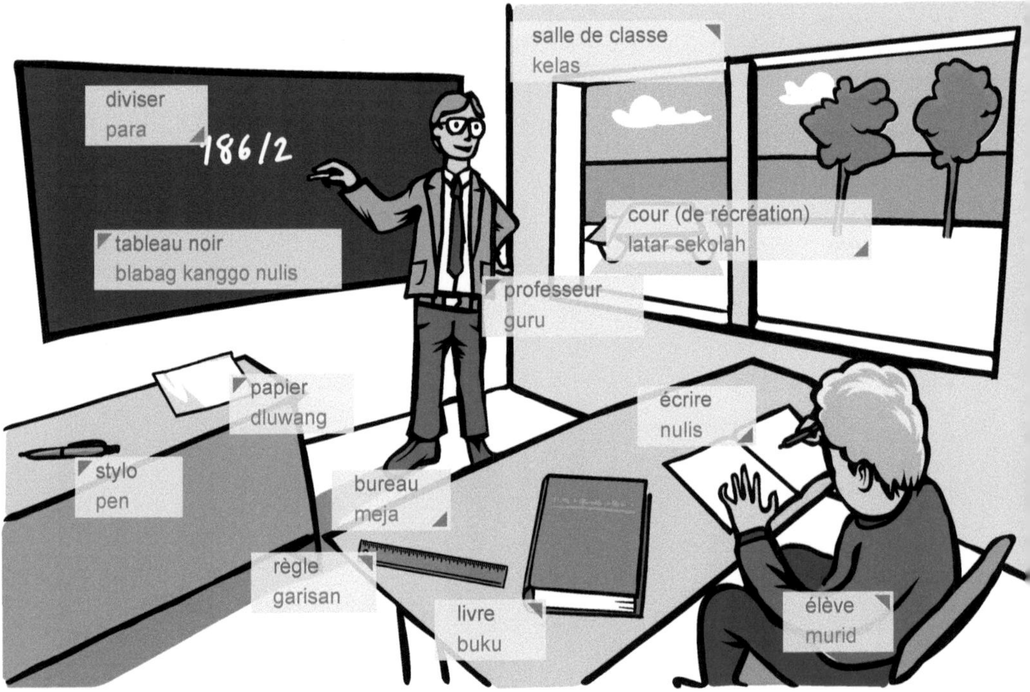
salle de classe
kelas
diviser
para
186/2
tableau noir
blabag kanggo nulis
cour (de récréation)
latar sekolah
professeur
guru
papier
dluwang
écrire
nulis
stylo
pen
bureau
meja
règle
garisan
livre
buku
élève
murid

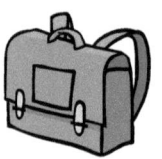

cartable
tas sekolah

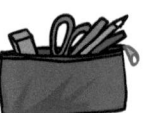

trousse
tepak potlot

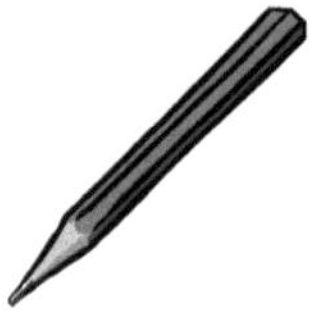

crayon
potlot

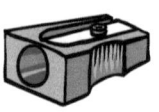

taille-crayon
orotan potlot

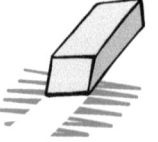

gomme
setip

carnet à dessin
lemek nggambar

dessin

gambar

pinceau

kuwas

boîte de peinture

tepak cat nggambar

ciseaux

gunting

colle

lem

cahier d'exercices

buku latihan soal

devoirs

pakaryan omah

chiffre

angka

additionner

tambah

soustraire

suda

multiplier

ping

calculer

itung

lettre

aksara

alphabet

abjad

mot

tembung

texte

teks

lire

maca

craie

kapur

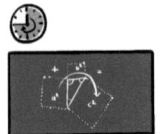

leçon

wulangan

livre de classe

dhaptar

examen

ujian

certificat

sertipikat

uniforme scolaire

sragam sekolah

formation

pendhidhikan

lexique

ensiklopedia

université

universitas

microscope

mikroskop

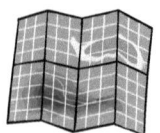

carte

peta

corbeille à papier

kranjang larahan

hôtel
hotel

Grand

auberge
hostel

ROOMS

au de change
or pertukaran duit mancanegara

EXCHANGE

valise
koper

voiture
mobil

langue

basa

oui / non

iya / ora

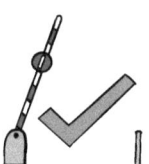

d'accord

oke

Salut

halo

interprète

juru basa

merci

matur nuwun

Combien coûte...?

Piro regane ...?

Je ne comprends pas

aku ora ngerti

problème

masalah

Bonsoir !

Sugeng dalu!

Bonjour !

Sugeng enjang

Bonne nuit !

Sugeng dalu!

Au revoir

pareng

direction

arah

bagages

koper

sac

tas

sac-à-dos

ransel

hôte

tamu

pièce

kamar

sac de couchage

kantong turu

tente

tenda

office de tourisme

informasi turis

plage

pantai

carte de crédit

kertu kredit

petit-déjeuner

sarapan

déjeuner

mangan awan

dîner

mangan ing wayah bengi

billet

tiket

ascenseur

lift

timbre

perangko

frontière

watesan

douane

cukai

ambassade

kedutaan

visa

visa

passeport

paspor

transport
angkutan

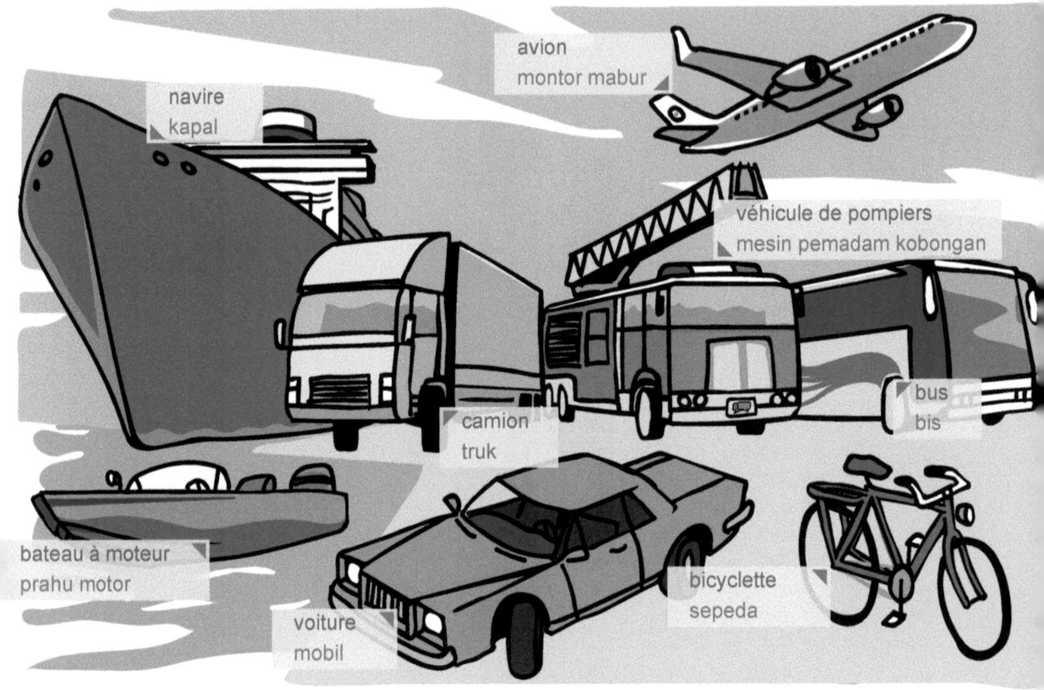
avion
montor mabur
navire
kapal
véhicule de pompiers
mesin pemadam kobongan
bus
bis
camion
truk
bateau à moteur
prahu motor
bicyclette
sepeda
voiture
mobil

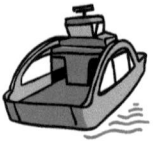

ferry
feri

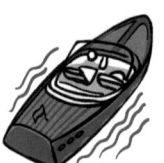

barque
perahu

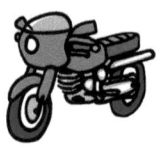

moto
sepeda motor

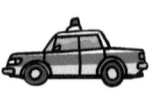

voiture de police
mobil polisi

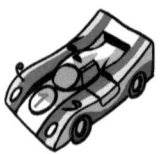

voiture de course
mobil balapan

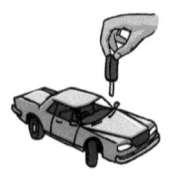

voiture de location
mobil sewa

auto-partage
sewa mobil

voiture de remorquage
truk derek

benne à ordures
truk resek

moteur
motor

essence
bensin

station d'essence
pom bensin

panneau indicateur
tanda dalan

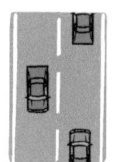

trafic
lalu lintas

embouteillage
macet

parking
parkir mobil

gare
stasiun sepur

rails
ril sepur

train
sepur

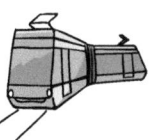

tramway
tram

wagon
grobak

hélicoptère

helikopter

aéroport

lapangan montor mabur

tour

menara

passager

penumpang

conteneur

kontener

carton

kerdhus

chariot

troli

corbeille

kranjang

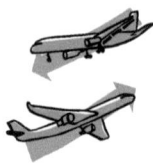

décoller / atterrir

mabur / ndarat

ville

kutha

village

desa

centre-ville

tengah kutha

maison

omah

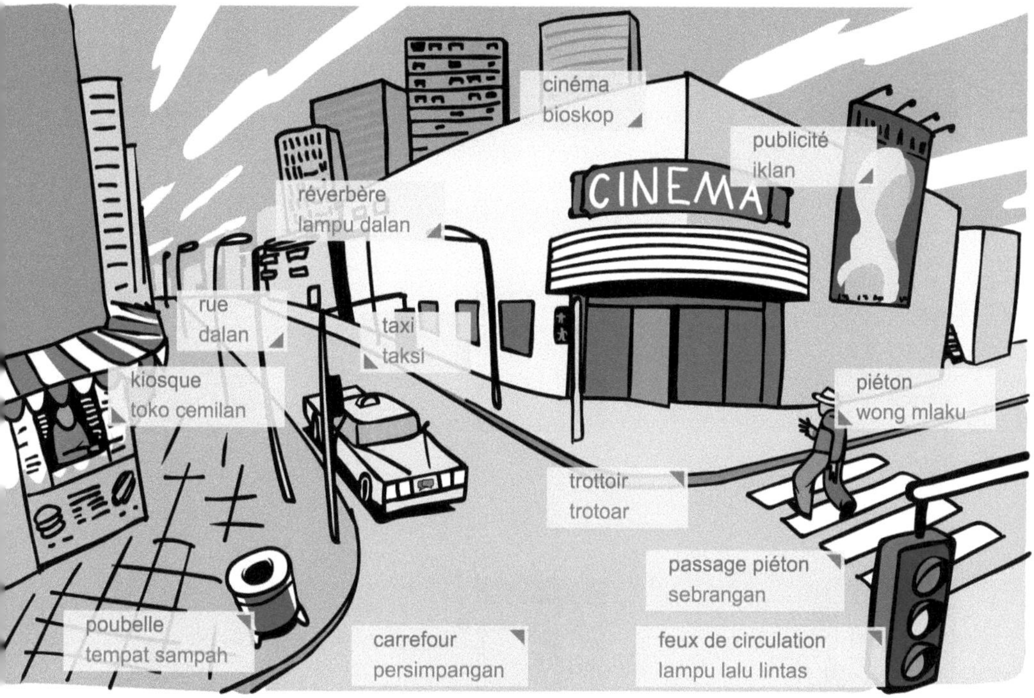

cinéma
bioskop
publicité
iklan
réverbère
lampu dalan
CINEMA
rue
dalan
taxi
taksi
kiosque
toko cemilan
piéton
wong mlaku
trottoir
trotoar
passage piéton
sebrangan
poubelle
tempat sampah
carrefour
persimpangan
feux de circulation
lampu lalu lintas

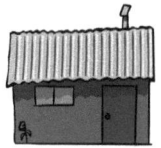

cabane

gubuk

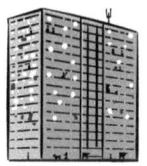

appartement

apartemen

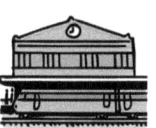

gare

stasiun sepur

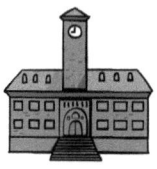

mairie

bale kutha

MUSEUM

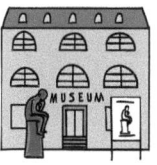

musée

museum

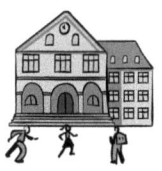

école

sekolahan

université
universitas

banque
bank

hôpital
griya sakit

hôtel
hotel

pharmacie
apotek

bureau
kantor

librairie
toko buku

magasin
toko

fleuriste
toko kembang

supermarché
supermarket

marché
pasar

grand magasin
toko sarwa ana

poissonnerie
toko iwak

centre commercial
mal

port
pelabuhan

parc

taman

banque

bangku

pont

tretek

escaliers

andha

métro

metro

tunnel

trowongan

arrêt de bus

halte bis

bar

bar

restaurant

restoran

boîte à lettres

kotak surat

panneau indicateur

pratandha dalan

parcmètre

meteran parkir

zoo

kebon kewan

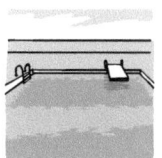

piscine

kolam renang

mosquée

masjid

ferme

kebon

pollution

polusi

cimetière

kuburan

église

greja

aire de jeux

panggon dolanan

temple

candi

paysage

lanskap

feuille
godong

panneau indicateur
plang

chemin
dalan

pré
beran

pierre
watu

arbre
uwit

randonneur
wong munggah

rivière
kali

herbe
suket

fleur
kembang

vallée

lembah

montagne

bukit

lac

tlogo

forêt

alas

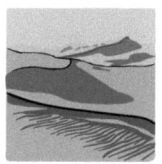

désert

ara-ara

volcan

gunung geni

château

keraton

arc-en-ciel

kluwung

champignon

jamur

palmier

uwit palem

moustique

lemut

mouche

laler

fourmis

semut

abeille

tawon

araignée

angga-angga

coléoptère

kumbang

grenouille

kodok

écureuil

bajing

hérisson

landhak

lièvre

truwelu

chouette

manuk dares

oiseau

manut

cygne

banyak

sanglier

celeng

cerf

kidang

élan

menjangan

barrage

bendungan

éolienne

turbin angin

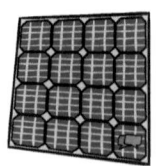

panneau solaire

panel srengenge

climat

iklim

restaurant
restoran

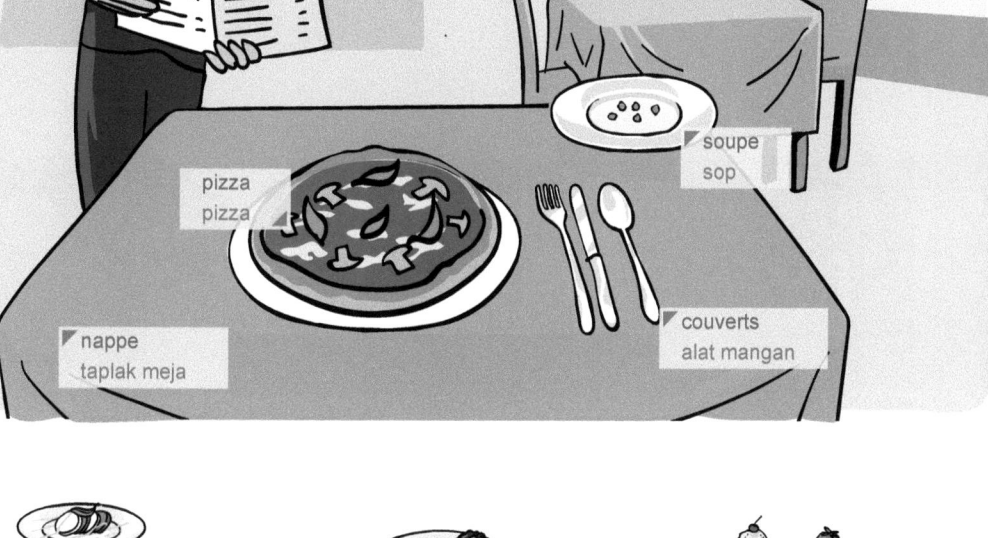

serveur
laden
menu
menu
chaise
kursi
soupe
sop
pizza
pizza
couverts
alat mangan
nappe
taplak meja

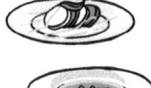

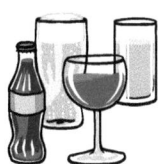

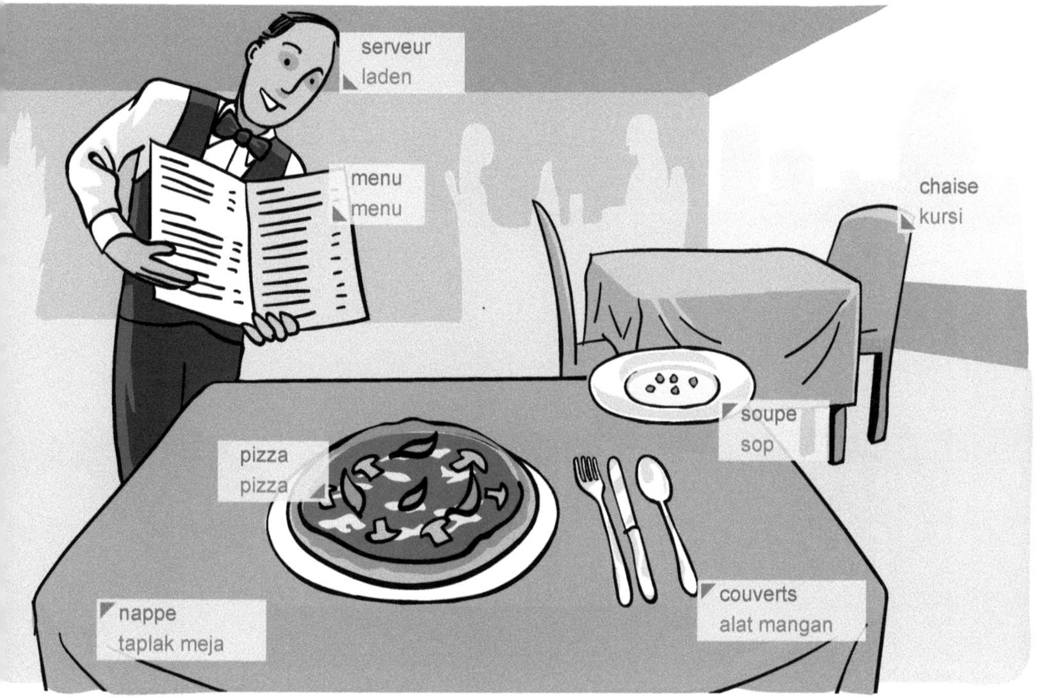

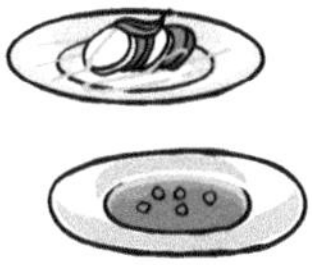

hors d'œuvre

hidangan pambuka

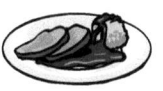

plat principal

menu utama

dessert

hidangan penutup

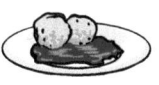

boissons

ombenan

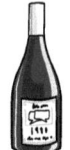

alimentation

panganan

bouteille

gendul

fast-food

panganan instan

plats à emporter

jajan cemilan

théière

ceret teh

sucrier

kaleng gula

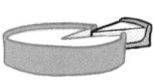

portion

porsi

machine à expresso

mesin espresso

chaise haute

kursi duwur

facture

tagihan

plateau

baki

couteau

lading

fourchette

sendok garpu

cuillère

sendok

cuillère à thé

sendok teh

serviette

serbet

verre

gelas

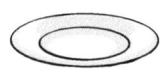

assiette

piring

assiette à soupe

piring sop

soucoupe

lepek

sauce

duduh

salière

gendul uyah

moulin à poivre

bubuk mrico

vinaigre

cuka

huile

lenga

épices

bumbon

ketchup

saos tomat

moutarde

mustar

mayonnaise

mayones

restaurant - restoran

supermarché
supermarket

offre promotionnelle
tawaran khusus
FOR
client
langganan
produits laitiers
produk saka susu
fruits
woh-wohan
chariot
troli

BUTCHERS

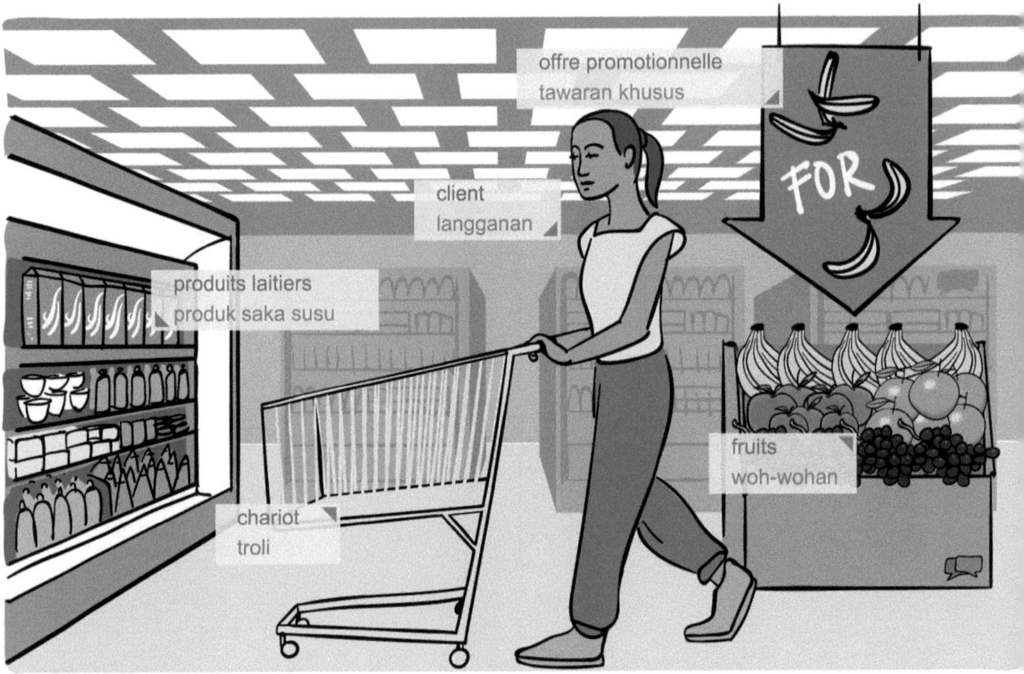

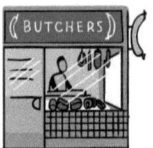

boucherie

toko daging

BAKERY

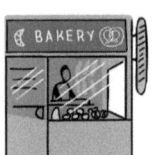

boulangerie

toko roti

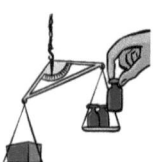

peser

nimbang

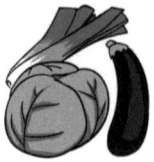

légumes

janganan

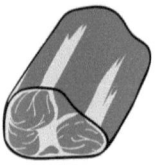

viande

daging panggang

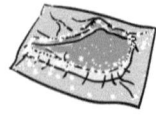

aliments surgelés

panganan beku

charcuterie

irisan daging

conserves

panganan kaleng

poudre à lessive

deterjen

bonbons

permen

articles ménagers

produk reresik omah

détergents

produk reresik

vendeuse

bakul

caisse

mesin kasir

caissier

kasir

liste d'achats

daftar blanja

heures d'ouverture

jam buka

portefeuille

dompet

carte de crédit

kertu kredit

sac

tas

sac en plastique

tas kresek

eau

banyu

jus de fruit

jus

lait

susu

coca

ombenan kanthi karbon

vin

anggur

bière

bir

alcool

alkohol

chocolat chaud

coklat

thé

teh

café

kopi

expresso

espresso

cappuccino

cappuccino

banane

gedhang

pomme

apel

orange

jeruk

melon

semangka

citron

jeruk lemon

carotte

wortel

ail

bawang

bambou

pring

oignon

bawang

champignon

jamur

noisettes

kacang

pâtes

bakmi

spaghetti

spageti

riz

sego

salade

salad

pommes frites

kentang goreng

pommes de terre rôties

kentang goreng

pizza

pizza

hamburger

hamburger

sandwich

roti isi

escalope

daging irisan

jambon

daging ham

salami

salami

saucisse

sosis

poulet

pitik

rôti

daging panggang

poisson

iwak

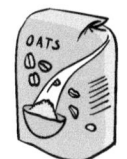

flocons d'avoine

bubur gandum

muesli

muesli

cornflakes

sereal jagung

farine

glepung

croissant

croissant

petits-pains

roti

pain

roti

pain grillé

roti panggang

biscuits

biskuit

beurre

mertega

le fromage blanc

dadih

gâteau

kue

œuf

endog

œuf au plat

endog goreng

fromage

keju

glace

es krim

sucre

gula

miel

madu

confiture

sele

crème nougat

krim nugat

curry

kare

ferme

kebon

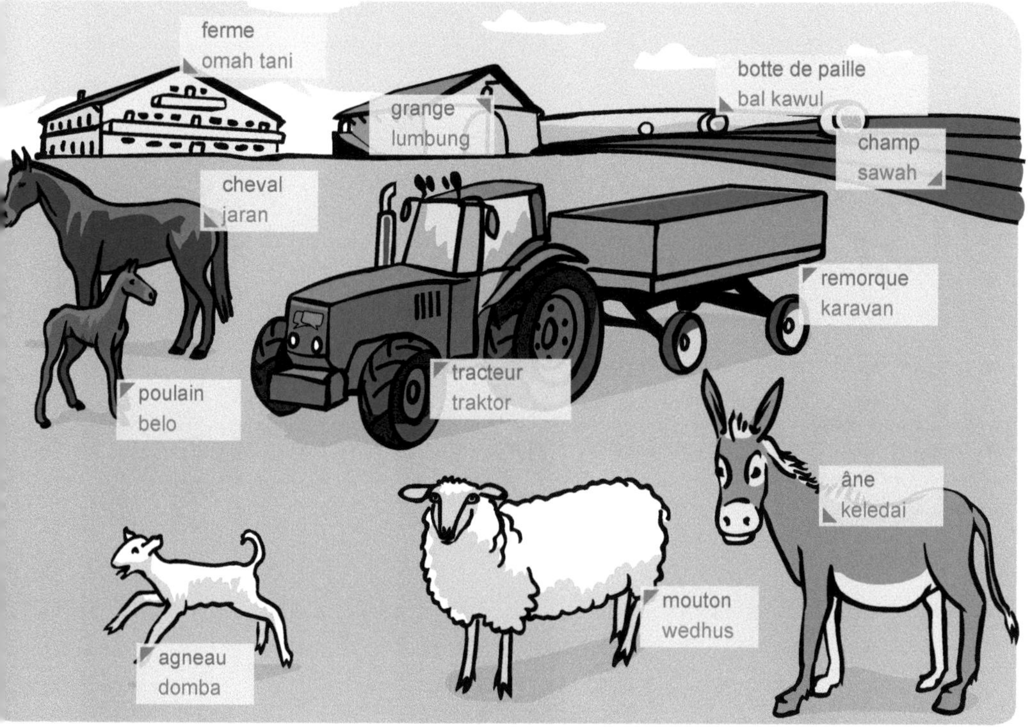

ferme
omah tani
grange
lumbung
botte de paille
bal kawul
champ
sawah
cheval
jaran
remorque
karavan
tracteur
traktor
poulain
belo
âne
keledai
mouton
wedhus
agneau
domba

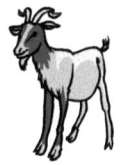

chèvre

wedhus

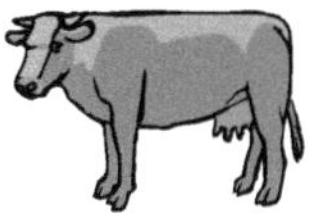

vache

sapi

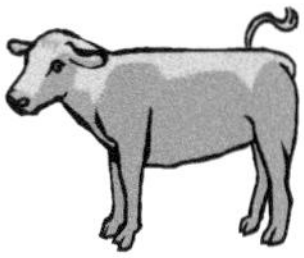

veau

pedhet

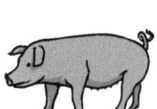

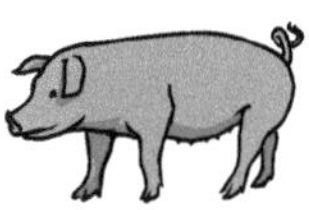

porc

babi

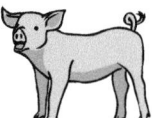

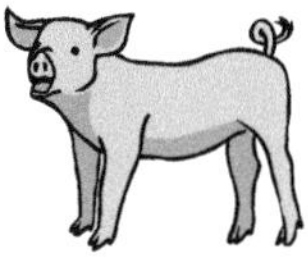

porcelet

gambluk

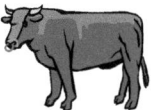

taureau

kebo

oie

banyak

canard

bebek

poussin

kuthuk

poule

babon

coq

jago

rat

tikus

chat

kucing

souris

tikus

bœuf

sapi

chien

asu

chenil

kandang asu

tuyau de jardin

selang

arrosoir

gembor

faucheuse

arit gede

charrue

waluku

faucille

arit gede

pioche

pacul

fourche

garu

hache

kapak

brouette

grobak surung

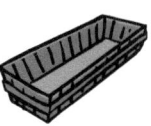

cuve

wadah pakan

pot à lait

kaleng susu

sac

karung

clôture

pager

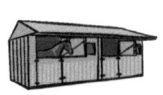

étable

kandang

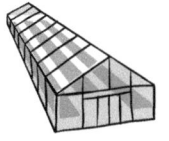

serre

omah kaca

sol

lemah

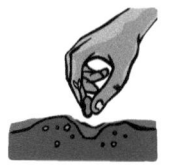

semences

wiji

engrais

rabuk

moissonneuse-batteuse

traktor panen

récolter

manen

récolte

panen

igname

ubi

blé

gandum

soja

kedelai

pomme de terre

kentang

maïs

jagung

colza

lobak

arbre fruitier

wit woh-wohan

manioc

telo

céréales

sereal

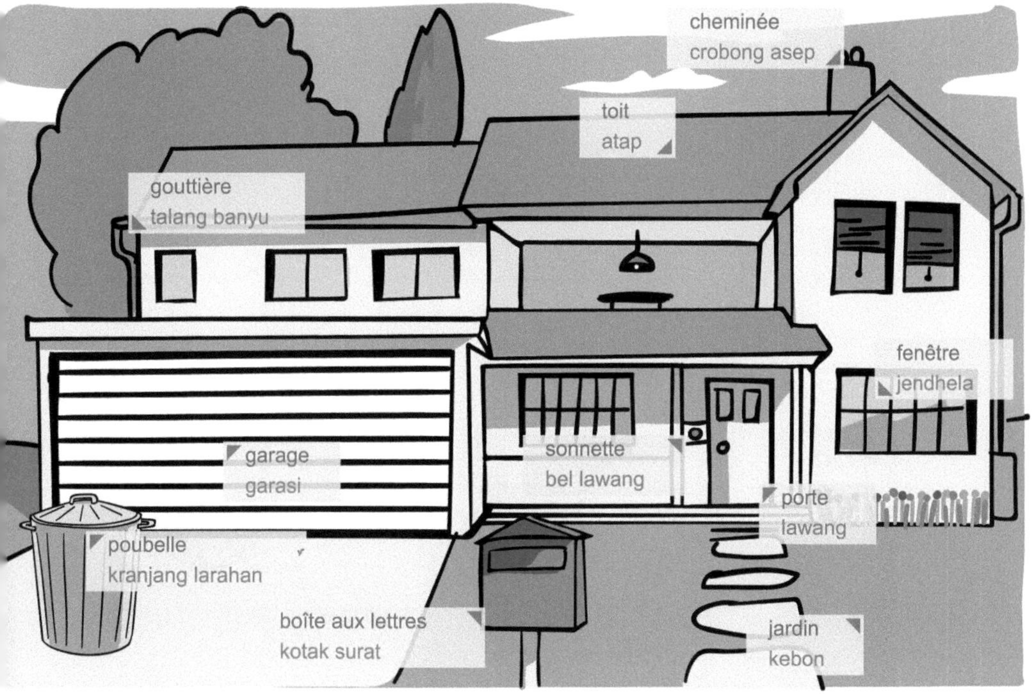

cheminée
crobong asep

toit
atap

gouttière
talang banyu

fenêtre
jendhela

garage
garasi

sonnette
bel lawang

porte
lawang

poubelle
kranjang larahan

boîte aux lettres
kotak surat

jardin
kebon

salon

ruang tamu

salle de bain

jedhing

cuisine

pawon

chambre à coucher

kamar turu

chambre d'enfant

kamar anak

salle à manger

kamar panedhaan

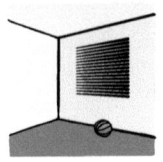

sol
jobin

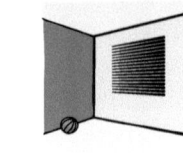

mur
tembok

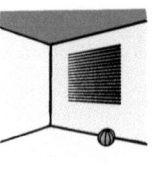

plafond
pyan

cave
gudhang ing njero lemah

sauna
sauna

balcon
balkon

terrasse
teras

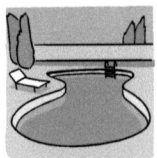

piscine
blumbang kanggo nglangi

tondeuse à gazon
mesin kanggo motong suket

housse
lembaran

couette
sprei

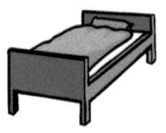

lit
dipan

balai
sapu

sceau
ember

interrupteur
tombol

salon

ruang tamu

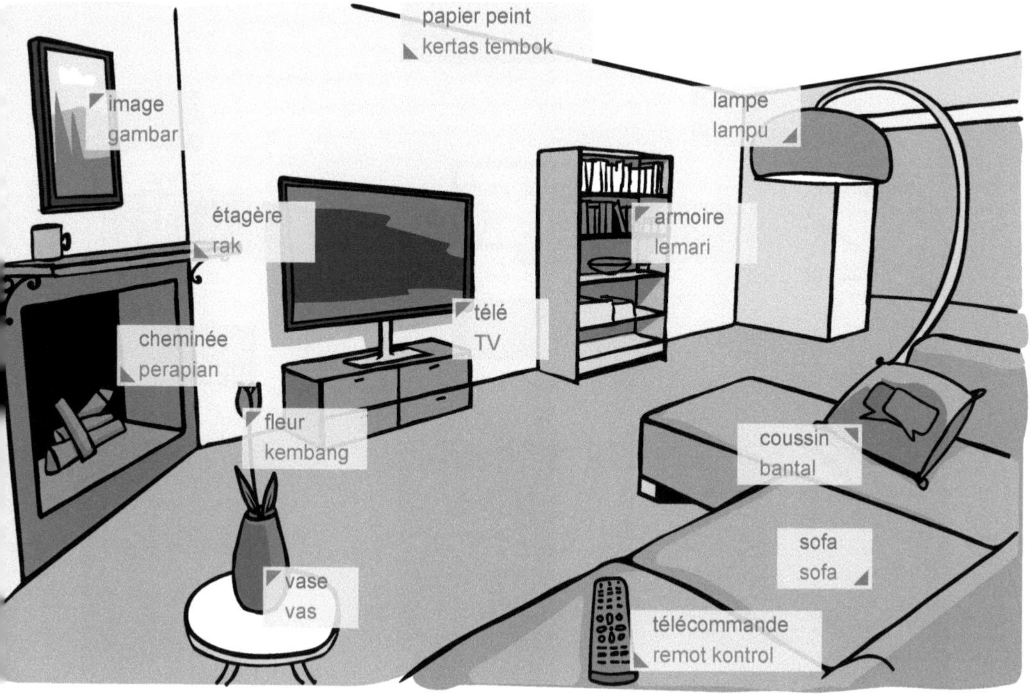

papier peint
kertas tembok
image
gambar
lampe
lampu
étagère
rak
armoire
lemari
télé
TV
cheminée
perapian
fleur
kembang
coussin
bantal
sofa
sofa
vase
vas
télécommande
remot kontrol

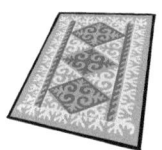

tapis

karpet

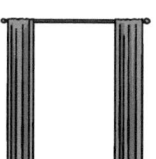

rideau

korden

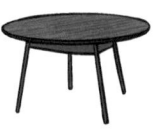

table

meja

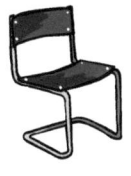

chaise

kursi

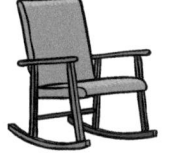

chaise à bascule

kursi goyang

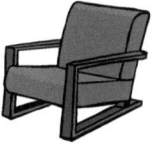

fauteuil

kursi tangan

livre

buku

couverture

selimut

décoration

dekorasi

bois de chauffage

kayu bakar

film

film

chaîne hi-fi

hi-fi

clé

kunci

journal

koran

peinture

lukisan

poster

poster

radio

radio

bloc-notes

buku catetan

aspirateur

penyedot lebut

cactus

kaktus

bougie

lilin

cuisine
pawon

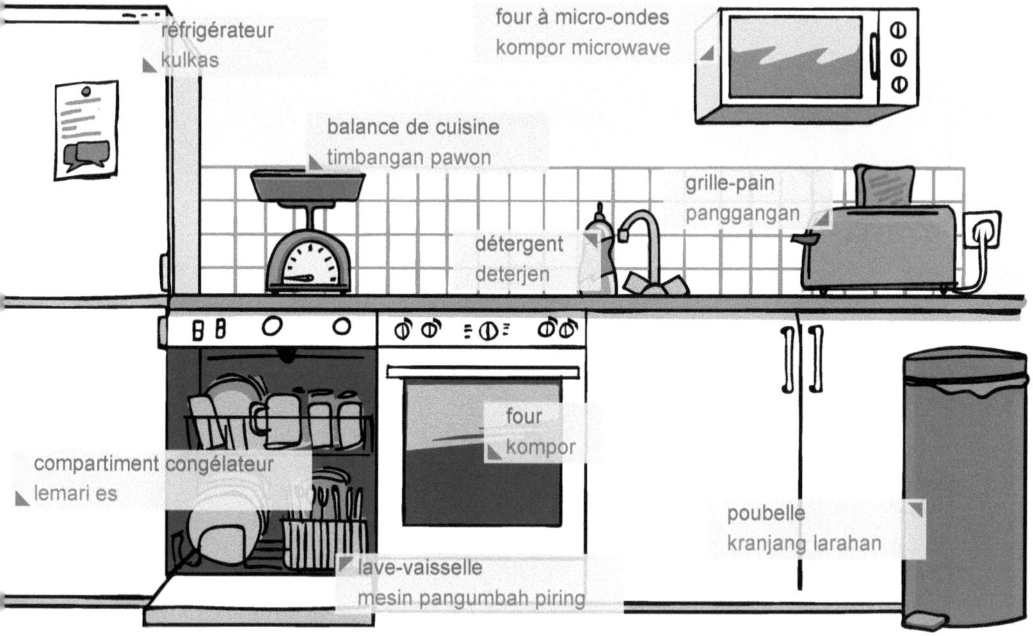
réfrigérateur
kulkas
four à micro-ondes
kompor microwave
balance de cuisine
timbangan pawon
grille-pain
panggangan
détergent
deterjen
four
kompor
compartiment congélateur
lemari es
poubelle
kranjang larahan
lave-vaisselle
mesin pangumbah piring

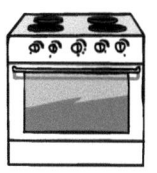

four
kompor

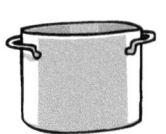

casserole
panci

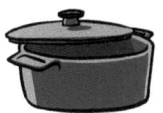

marmite
panci wesi

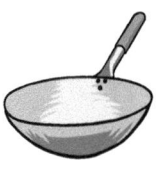

wok / kadai
wajan

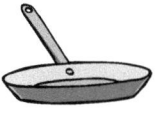

poêle
wajan

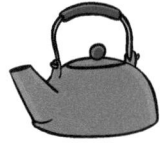

bouilloire electrique
ceret

cuiseur vapeur

kukusan

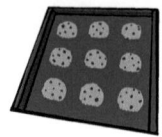

plaque de cuisson

loyang

vaisselle

pecah belah

gobelet

mug

coupe

mangkok

baguettes

sumpit

louche

irus

spatule

solet

fouet

udeg

passoire

ayakan

tamis

saringan

râpe

parutan

mortier

lumpang

barbecue

panggangan

cheminée

geni

planche à découper

telenan

rouleau à pâtisserie

gilingan adonan

tire-bouchon

kotrek

boîte

kaleng

ouvre-boîte

bukaan kaleng

maniques

cempal

lavabo

wastafel

brosse

sikat

éponge

sepon

mixeur

blender

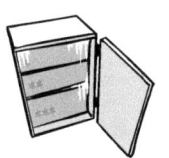

congélateur

kulkas

biberon

gendul bayi

robinet

kran

salle de bain
jedhing

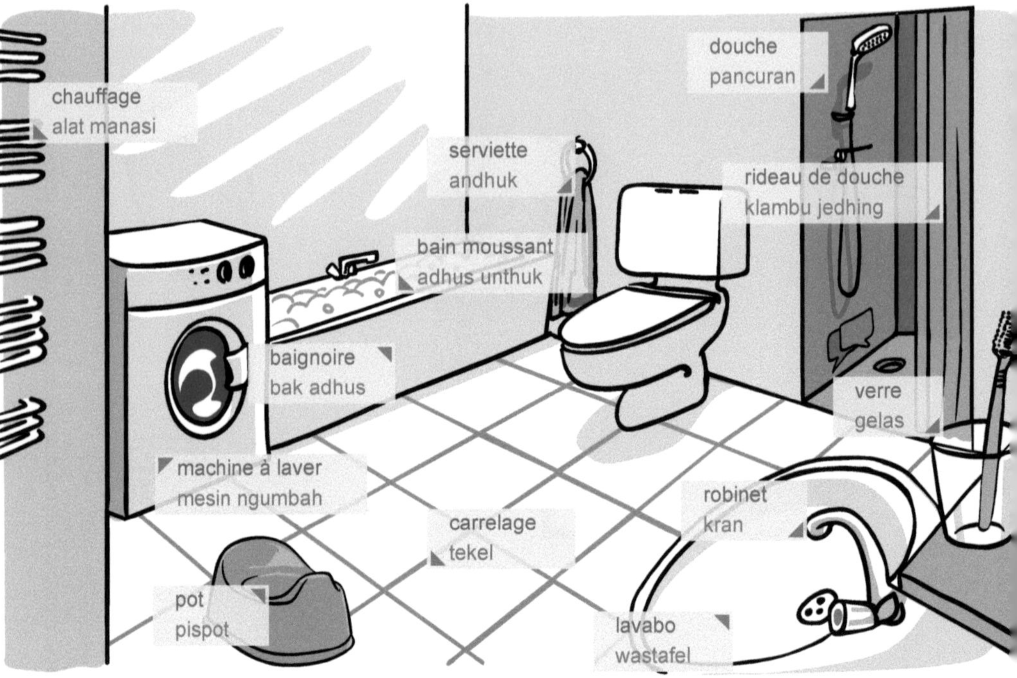
chauffage
alat manasi
serviette
andhuk
douche
pancuran
rideau de douche
klambu jedhing
bain moussant
adhus unthuk
baignoire
bak adhus
verre
gelas
machine à laver
mesin ngumbah
robinet
kran
carrelage
tekel
pot
pispot
lavabo
wastafel

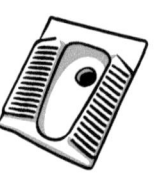

toilettes

jamban

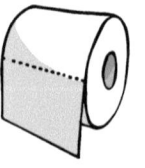

toilette à la turque

jamban dhodhok

bidet

bidet

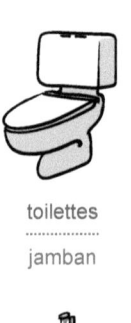

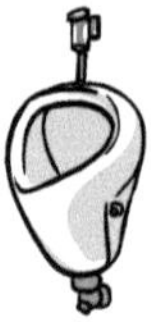

urinoir

pissoir

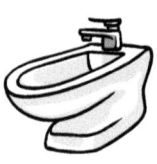

papier toilette

tisu jamban

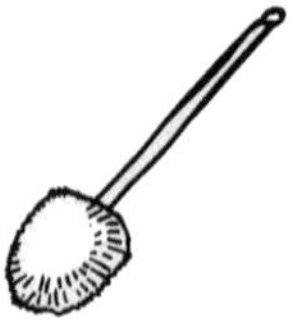

brosse à toilette

sikat jamban

brosse à dents

sikat untu

dentifrice

odol

fil dentaire

bolah untu

laver

ngumbahi

douche manuelle

gagang shower

douche intime

pancuran

vasque

baskom

brosse dorsale

sikat geger

savon

sabun

gel douche

gel pancuran

shampooing

sampo

gant de toilette

hem

écoulement

nguras

crème

krim

déodorant

deodoran

miroir

pangilon

miroir cosmétique

koco tangan

rasoir

silet

mousse à raser

umpluk cukur

après-rasage

aftershave

peigne

jungkat

brosse

sikat untu

sèche-cheveux

hairdryer

laque pour cheveux

hairspray

fond de teint

dandanan

rouge à lèvres

gincu

vernis à ongles

kuteks

ouate

kapas

coupe-ongles

gunting kuku

parfum

parfum

trousse de toilette

kantong adhus

tabouret

dingklik

pèse-personne

timbangan

peignoir

ubah kanggo sawise adhus

gants de nettoyage

sarung karet

tampon

tampon

serviettes hygiéniques

pembalut

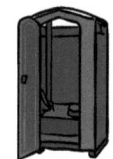

toilette chimique

jamban nganggo bahan
kimia

chambre d'enfant
kamar anak

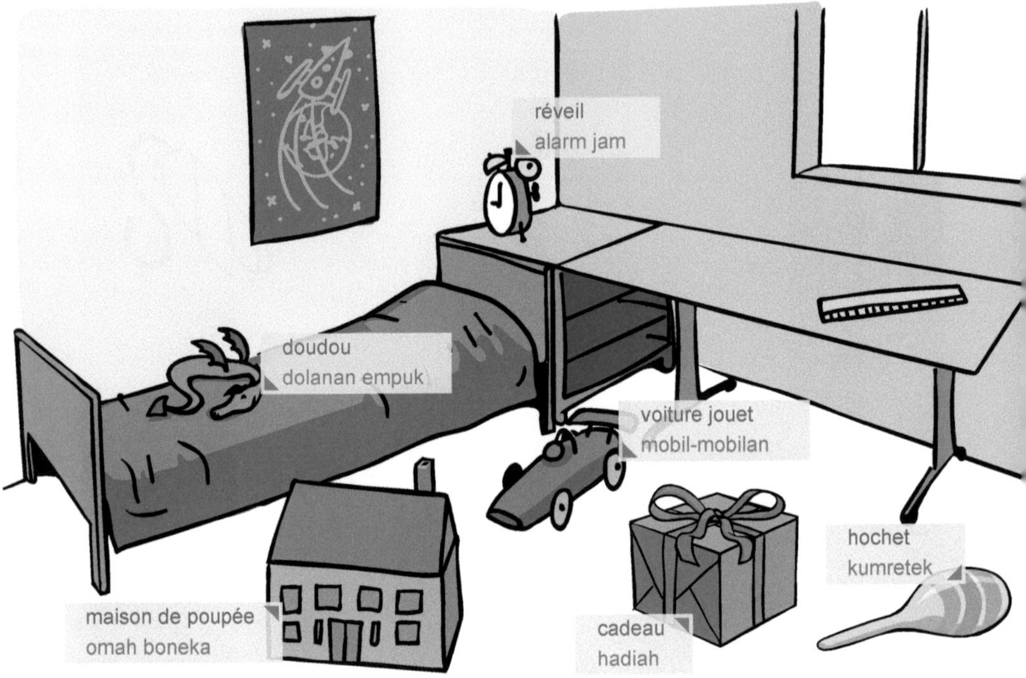
réveil
alarm jam
doudou
dolanan empuk
voiture jouet
mobil-mobilan
hochet
kumretek
maison de poupée
omah boneka
cadeau
hadiah

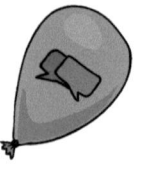

ballon
balon

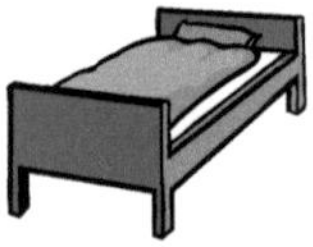

lit
dipan

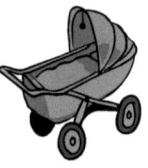

poussette
kreto bayi

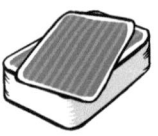

jeu de cartes
meja kertu

puzzle
teka-teki

SUPER MEGA

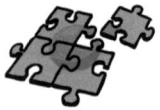

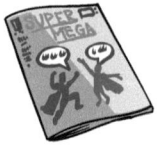

bande dessinée
komik

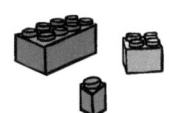

pièces lego
bata lego

blocs de construction
balok dolanan

figurine
boneka aksi

grenouillère
klambi bayi

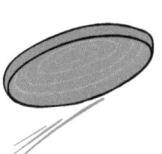

frisbee
frisbee

mobile
dolanan gantungan

jeu de société
dolanan meja

dé
dadu

train miniature
sepur dolanan

sucette
dot

fête
pesta

livre d'images
buku gambar

balle
bal

poupée
boneka

jouer
dolanan

bac à sable

panggon dolanan pasir

balançoire

ayunan

jouets

dolanan

console de jeu

konsol video game

tricycle

sepeda roda telu

ours en peluche

beruang teddy

armoire

lemari sandhangan

vêtements

klambi

chaussettes

kaos kaki

bas

stoking

collant

kathok singset

écharpe
slendang

ceinture
sabuk

parapluie
payung

t-shirt
kaos oblong

baskets
sepatu kets

bottes
sepatu bot

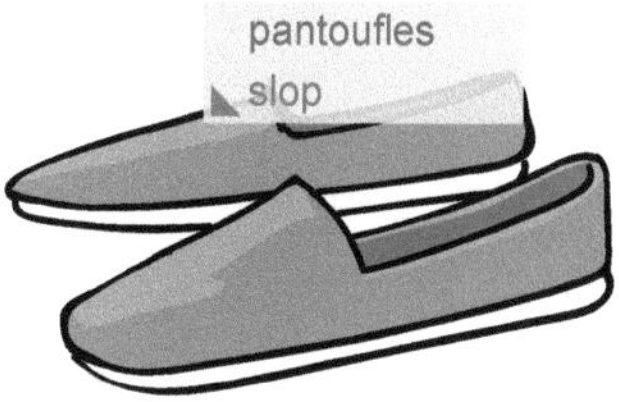

pantoufles
slop

sandales
....
sandal

chaussures
....
sepatu

bottes de caoutchouc
....
sepatu bot karet

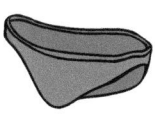

sous-vêtements
....
sempak

soutien-gorge
....
kutang

maillot de corps
....
rompi

body
awak

pantalon
kathok

jean
kathok jins

jupe
rok

chemisier
blus

chemise
klambi

pull
jaket nganggo kudung

sweat à capuche
sweter

veste
blezer

veste
jaket

manteau
mantel

imperméable
jas udan

costume
kostum

robe
gaun

robe de mariée
gaun manten

costume

setelan

chemise de nuit

klambi kanggo turu

pyjama

piyama

sari

kain sari

foulard

kudung

turban

serban

burqa

cadar

caftan

kaftan

abaya

abaya

maillot de bain

klambi kanggo nglangi

maillot de bain

kathok renang

short

kathok cekak

tenue d'entraînement

klambi trening

tablier

celemek

gants

sarung tangan

bouton
benik

lunettes
kacamata

bracelet
gelang

collier
kalung

bague
ali-ali

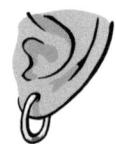

boucle d'oreille
anting-anting

bonnet
peci

cintre
gantungan mantel

chapeau
topi

cravate
dasi

fermeture éclair
slerekan

casque
helem

bretelles
bretel

uniforme scolaire
sragam sekolah

uniforme
sragam

bavoir
oto

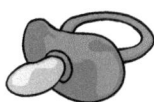

sucette
dot

lange
popok

bureau
kantor

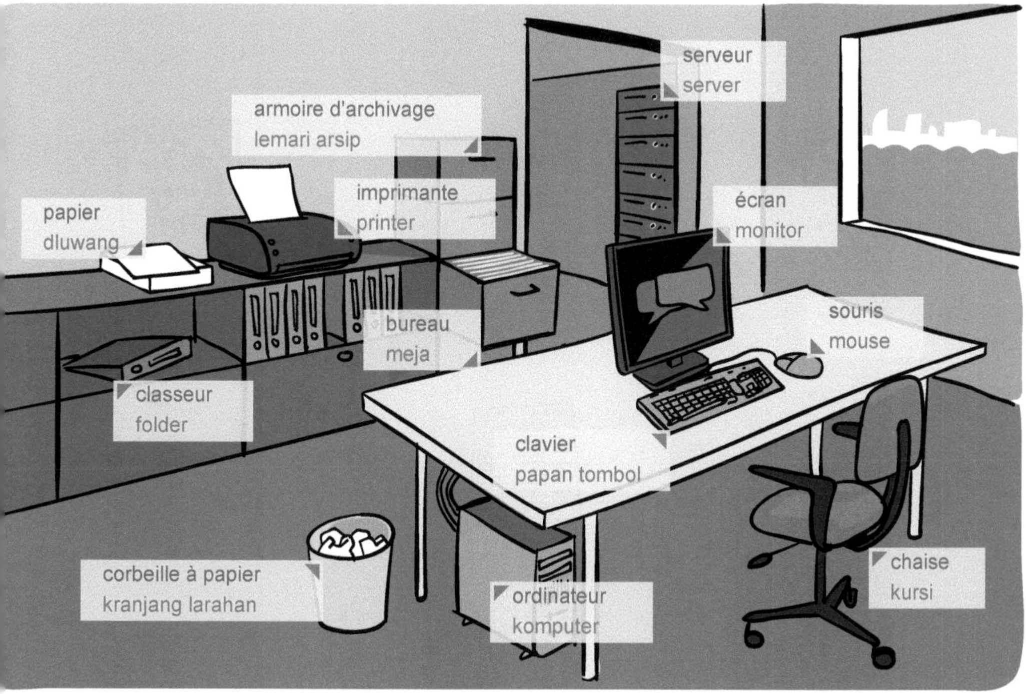

serveur
server

armoire d'archivage
lemari arsip

imprimante
printer

écran
monitor

papier
dluwang

bureau
meja

souris
mouse

classeur
folder

clavier
papan tombol

corbeille à papier
kranjang larahan

chaise
kursi

ordinateur
komputer

tasse de café
cangkir kopi

calculatrice
kalkulator

internet
internet

ordinateur portable

laptop

lettre

surat

message

pesen

portable

HP

réseau

jaringan

photocopieuse

mesin fotokopi

logiciel

software

téléphone

telpon

prise

colokan

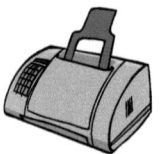

fax

mesin faksimili

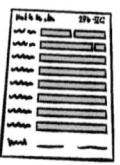

formulaire

blangko

document

dokumen

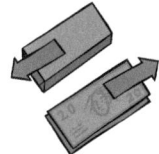

acheter
·················
tuku

payer
·················
mbayar

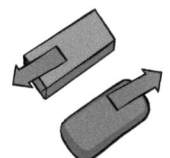

faire du commerce
·················
bebakulan

monnaie
·················
duit

dollar
·················
dolar

euro
·················
euro

yen
·················
yen

rouble
·················
rubel

franc suisse
·················
franc Swiss

renminbi yuan
·················
yuan renminbi

roupie
·················
rupe

distributeur automatique
·················
cash point

bureau de change

kantor pertukaran duit mancanegara

or

emas

argent

perak

pétrole

minyak

énergie

energi

prix

rego

contrat

kontrak

taxe

pajek

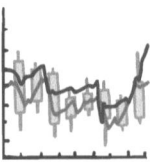

action

saham

travailler

kerjo

employé

pegawe

employeur

juragan

usine

pabrik

magasin

toko

professions
gawean

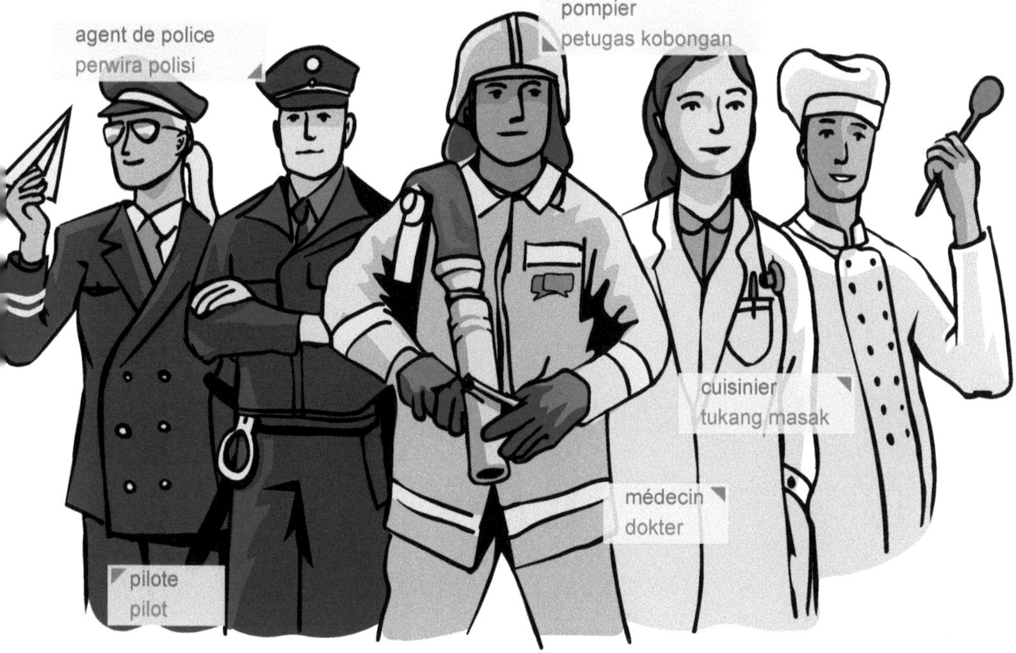

agent de police
perwira polisi
pompier
petugas kobongan
cuisinier
tukang masak
médecin
dokter
pilote
pilot

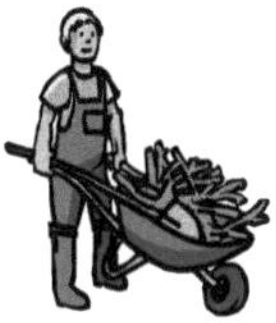

jardinier

tukang kebon

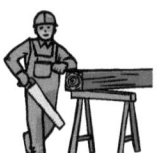

menuisier

tukang kayu

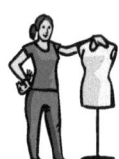

couturière

tukang jahit

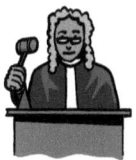

juge

hakim

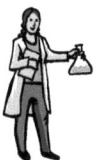

chimiste

ahli kimia

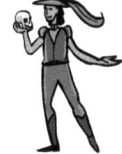

acteur

aktor

conducteur de bus

sopir bis

chauffeur de taxi

sopir taksi

pêcheur

nelayan

femme de ménage

tukang reresik

couvreur

tukang pasang gendheng

serveur

laden

chasseur

pamburu

peintre

pelukis

boulanger

tukang roti

électricien

tukang listrik

ouvrier

tukang mbangun

ingénieur

insinyur

boucher

jagal

plombier

tukang ledeng

facteur

tukang pos

soldat

tentara

architecte

arsitek

caissier

kasir

fleuriste

bakul kembang

coiffeur

juru rambut

contrôleur

kondektur

mécanicien

mekanik

capitaine

kapten

dentiste

dokter untu

scientifique

ilmuwan

rabbin

rabbi

imam

imam

moine

biksu

prêtre

pandhita

outils
alat

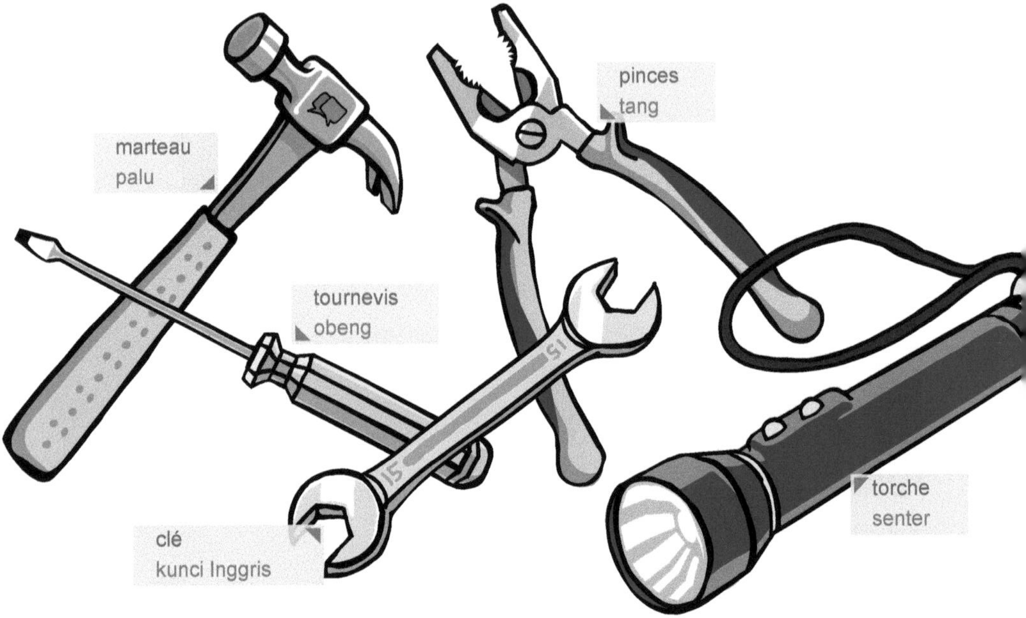

pinces
tang
marteau
palu
tournevis
obeng
torche
senter
clé
kunci Inggris

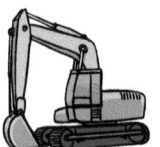

pelleteuse

mesin kerukan

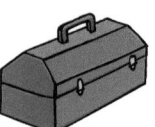

boîte à outils

wadah perkakas

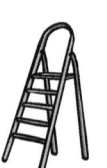

échelle

andha

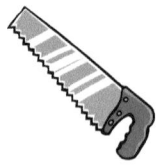

scie

graji

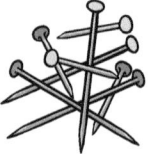

clous

paku

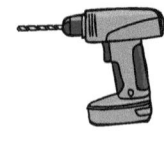

perceuse

bur

réparer
ndandani

pelle
sekop

Mince !
Bajigur!

pelle
serok

pot de peinture
kaleng cat

vis
sekrup

instruments de musique
alat musik

batterie
sak set tambur

haut-parleurs
speker

guitare
gitar

contrebasse
bass dobel

trompette
trompet

piano

piano

violon

biola

basse

bass

timbales

timpani

tambour

tambur

piano électrique

keyboard

saxophone

saksofon

flûte

suling

microphone

mikropon

zoo

kebon kewan

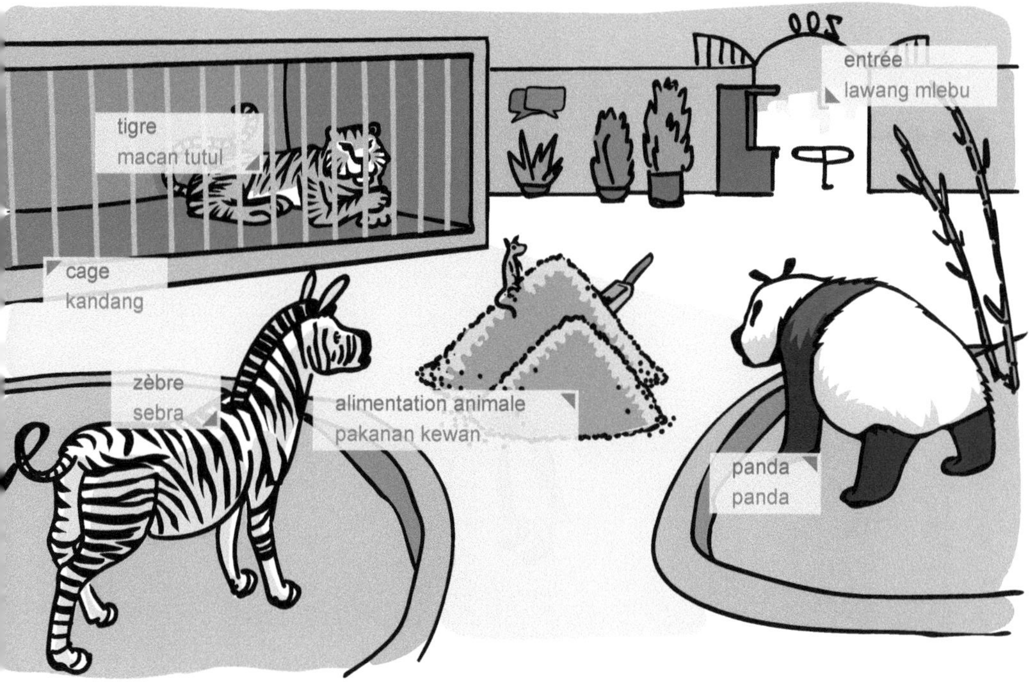
entrée
lawang mlebu
tigre
macan tutul
cage
kandang
zèbre
sebra
alimentation animale
pakanan kewan
panda
panda

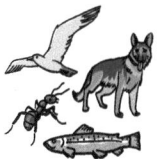

animaux

kewan

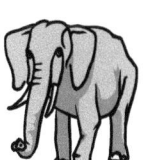

éléphant

gajah

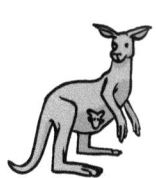

kangourou

kanguru

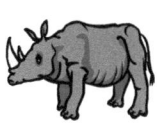

rhinocéros

badak

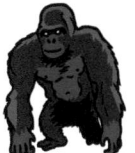

gorille

gorila

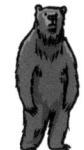

ours

beruang

chameau

unta

autruche

manuk unta

lion

singa

singe

kethek

flamand rose

flamingo

perroquet

bethet

ours polaire

beruang kutub

pingouin

pinguin

requin

hiu

paon

merak

serpent

ula

crocodile

baya

gardien de zoo

juru kunci kebon kewan

phoque

singa segara

jaguar

jaguar

poney

jaran poni

léopard

macan tutul

hippopotame

kuda nil

girafe

jrapah

aigle

garudha

sanglier

celeng

poisson

iwak

tortue

bulus

morse

walrus

renard

rubah

gazelle

kidang

american Football
bal-balan Amerika

cyclisme
sepedahan

tennis
tenis

basket-ball
basket

natation
nglangi

boxe
tinju

hockey sur glace
hoki es

football
bal-balan

badminton
badminton

athlétisme
atletik

handball
bal tangan

ski
ski

polo
polo

sauter
mencolot

embrasser
ngrangkul

rire
ngguyu

marcher
mlaku

chanter
nembang

rêver
ngimpi

prier
ndonga

faire la bise
ngambung

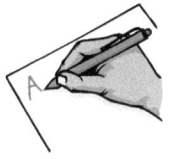

écrire
nulis

dessiner
nggambar

montrer
nuduhake

pousser
mencet

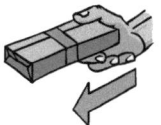

donner
menehi

prendre
njupuk

avoir

duweni

faire

nindakake

être

yaiku

être debout

ngadek

courir

mlayu

trier

narik

jeter

nguncalake

tomber

tiba

être couché

ngapusi

attendre

ngenteni

porter

nggawa

être assis

lungguh

s'habiller

klamben

dormir

turu

se réveiller

tangi

regarder

ndheleng

pleurer

nangis

caresser

ngelus

peigner

njungkati

parler

ngomong

comprendre

mangerteni

demander

takon

écouter

ngrungoake

boire

ngombe

manger

mangan

ranger

ngrapiake

aimer

nrisnani

cuire

masak

conduire

nyopir

voler

mabur

faire de la voile

nglayar

calculer

itung

lire

maca

apprendre

sinau

travailler

kerjo

se marier

ngrabi

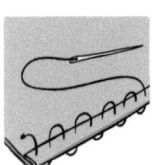

coudre

njahit

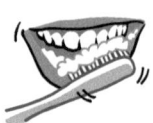

brosser les dents

nyikat untu

tuer

mateni

fumer

ngrokok

envoyer

ngirim

grand-mère
mbah putri

grand-père
mbah kakung

père
bapak

mère
ibu

bébé
bayi

fille
anak wedok

fils
anak lanang

hôte

tamu

tante

bu lik

oncle

pak lik

frère

dulur lanang

sœur

dulur wadon

corps

awak

front
bathuk
œil
mripat
épaule
pundhak
doigt
driji
visage
pasuryan
menton
janggut
main
tangan
jambe
sikil
poitrine
payudara
bras
lengen

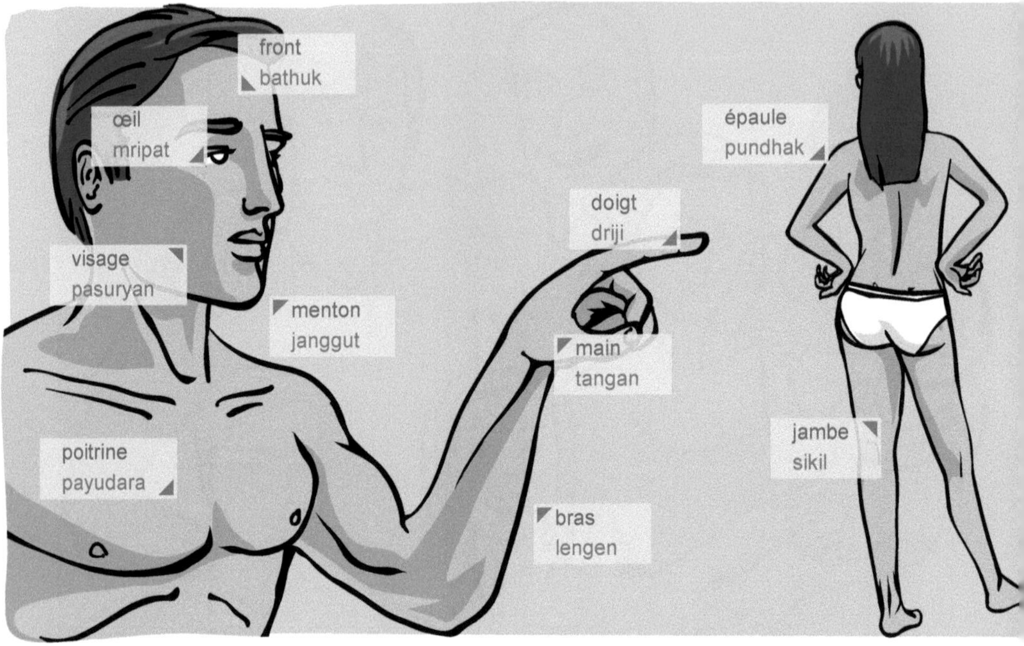

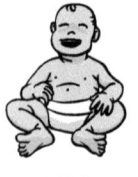

bébé

bayi

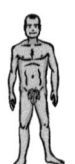

homme

lanang

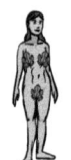

femme

wadon

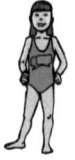

fille

bocah wadon

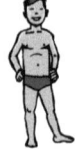

garçon

bocah lanang

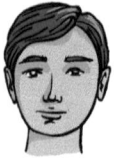

tête

sirah

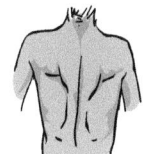

dos

geger

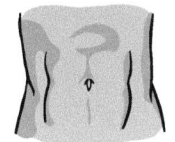

ventre

weteng

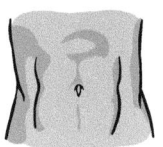

nombril

puser

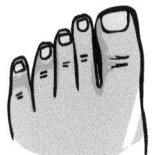

orteil

driji sikil

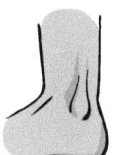

talon

tungkak

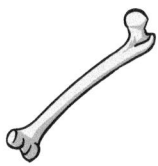

os

balung

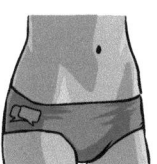

hanche

panggul

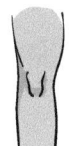

genou

dengkul

coude

sikut

nez

irung

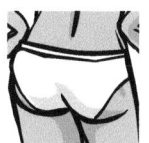

fesses

bokong

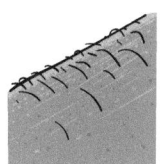

peau

kulit

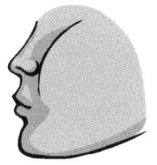

joue

pipi

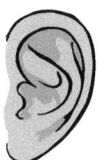

oreille

kuping

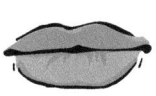

lèvre

lambe

bouche

lisan

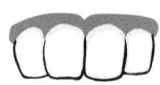

dent

untu

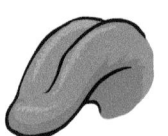

langue

ilat

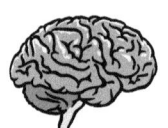

cerveau

uteg

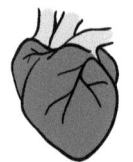

cœur

jantung

muscle

otot

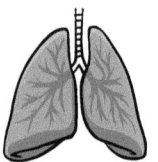

poumons

paru

foie

ati

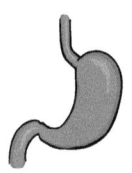

estomac

garba

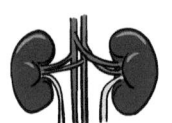

reins

ginjel

rapport sexuel

sanggama

préservatif

kondom

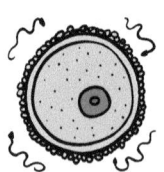

ovule

ovum

sperme

mani

grossesse

mbobot

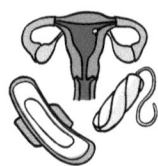

menstruation
....
haid

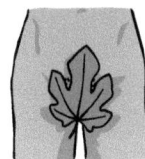

vagin
....
vagina

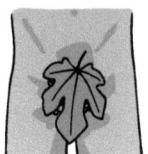

pénis
....
zakar

sourcil
....
alis

cheveux
....
rambut

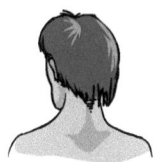

cou
....
gulu

hôpital

griya sakit

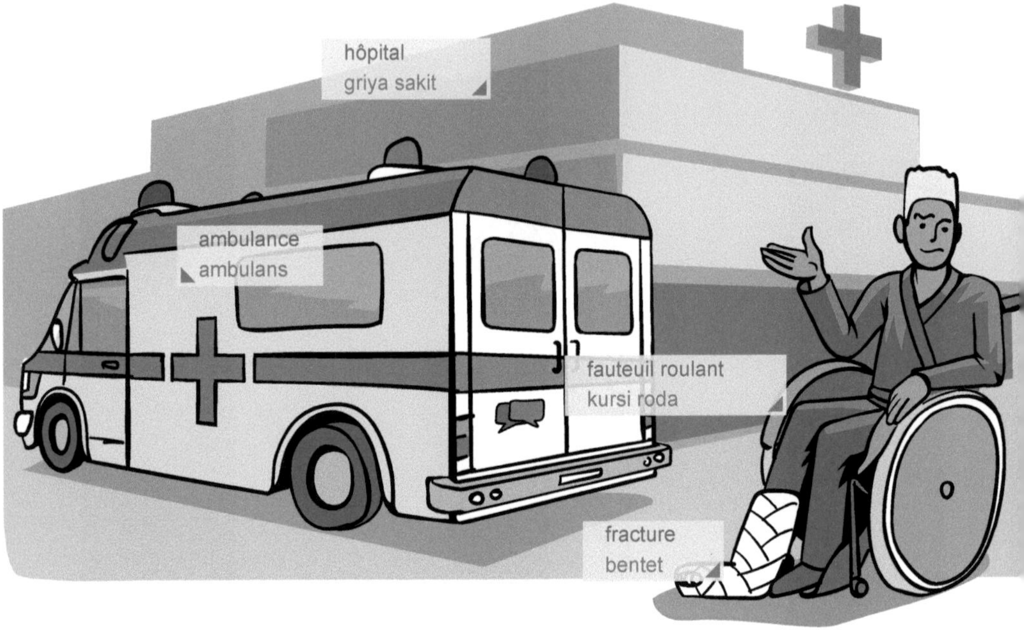

hôpital
griya sakit
ambulance
ambulans
fauteuil roulant
kursi roda
fracture
bentet

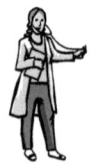

médecin

dokter

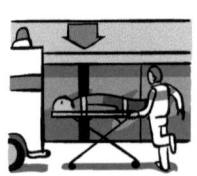

service des urgences

kamar gawat darurat

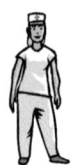

infirmière

perawat

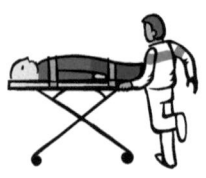

urgence

dharurat

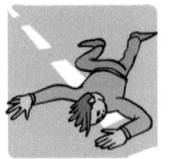

inconscient

ora sadar

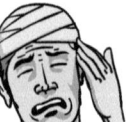

douleur

linu

blessure
tatu

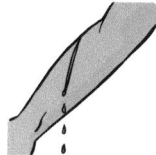

hémorragie
getihen

crise cardiaque
serangan jantung

attaque cérébrale
setruk

allergie
alergi

toux
watuk

fièvre
ngelu

grippe
pilek

diarrhée
diare

mal de tête
mumet

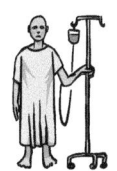

cancer
kanker

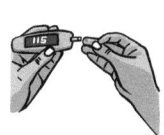

diabète
diabetes

chirurgien
ahli bedah

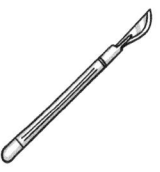

scalpel
lading bedah

opération
operasi

CT
CT

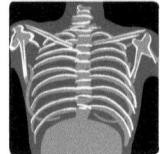

radiographie
sinar x

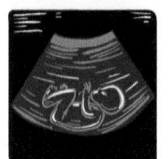

échographie
USG

masque
masker

maladie
penyakit

salle d'attente
kamar nunggu

béquille
pitulung

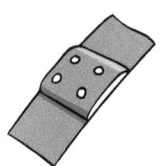

pansement
perban

pansement
perban

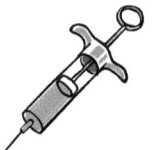

injection
suntik

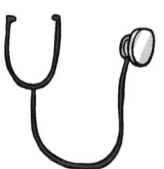

stéthoscope
stetoskop

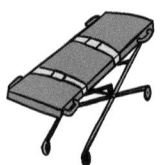

brancard
tandu

thermomètre
termometer klinik

accouchement
lair

surcharge pondérale
kalemon

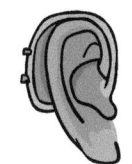

appareil auditif

alat bantu dengar

désinfectant

disinfektan

infection

infeksi

virus

virus

VIH / sida

HIV/AIDS

médicament

obat

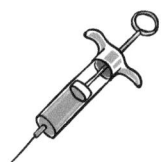

vaccination

vaksinasi

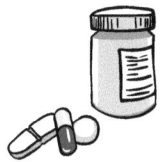

comprimés

tablet

pilule

pil

appel d'urgence

nomer telpon darurat

tensiomètre

ngukur tensi getih

malade / sain

lara / waras

Au secours !

Tulung!

alarme

alarem

assaut

sergap

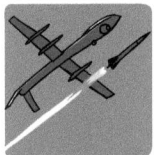

attaque

serangan

danger

bebaya

sortie de secours

lawang metu dharurat

Au feu!

Kobongan!

extincteur

alat mateni geni

accident

kacilakan

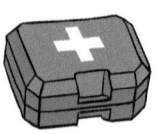

trousse de premier secours

pitulungan wiwitan

SOS

SOS

police

polisi

Europe

Eropa

Amérique du Nord

Amerika Lor

Amérique du Sud

Amerika Kidul

Afrique

Afrika

Asie

Asia

Australie

Australia

Océan atlantique

Atlantik

Océan pacifique

Pasifik

Océan indien

Samudra Hindia

Océan antarctique

Samudra Antartika

Océan arctique

Samudra Arktik

pôle nord

Kutub Lor

pôle sud

Kutup Kidul

Antarctique

Antarktika

terre

bumi

pays

daratan

mer

segara

île

pulau

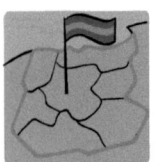

nation

bangsa

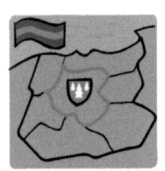

état

negara

cadran
layar jam

aiguille des heures
dom jam

aiguille des minutes
dom menit

aiguille des secondes
dom detik

Quelle heure est-il ?
Jam piro saiki?

jour
dina

temps
wektu

maintenant
saiki

montre digitale
jam digital

minute
menit

heure
jam

semaine
minggu

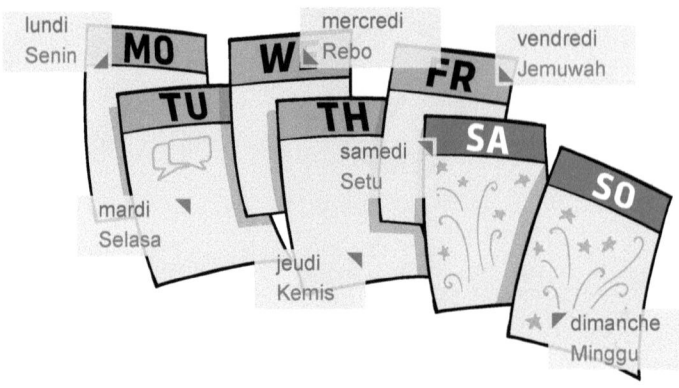

lundi
Senin

mardi
Selasa

mercredi
Rebo

jeudi
Kemis

vendredi
Jemuwah

samedi
Setu

dimanche
Minggu

hier

wingi

aujourd'hui

saiki

demain

sesuk

matin

esuk

midi

awan

soir

bengi

MO	TU	WE	TH	FR	SA	SU
1	2	3	4	5	6	7
8	9	10	11	12	13	14
15	16	17	18	19	20	21
22	23	24	25	26	27	28
29	30	31	1	2	3	4

jours ouvrables

dina kerja

MO	TU	WE	TH	FR	SA	SU
1	2	3	4	5	6	7
8	9	10	11	12	13	14
15	16	17	18	19	20	21
22	23	24	25	26	27	28
29	30	31	1	2	3	4

week-end

akhir minggu

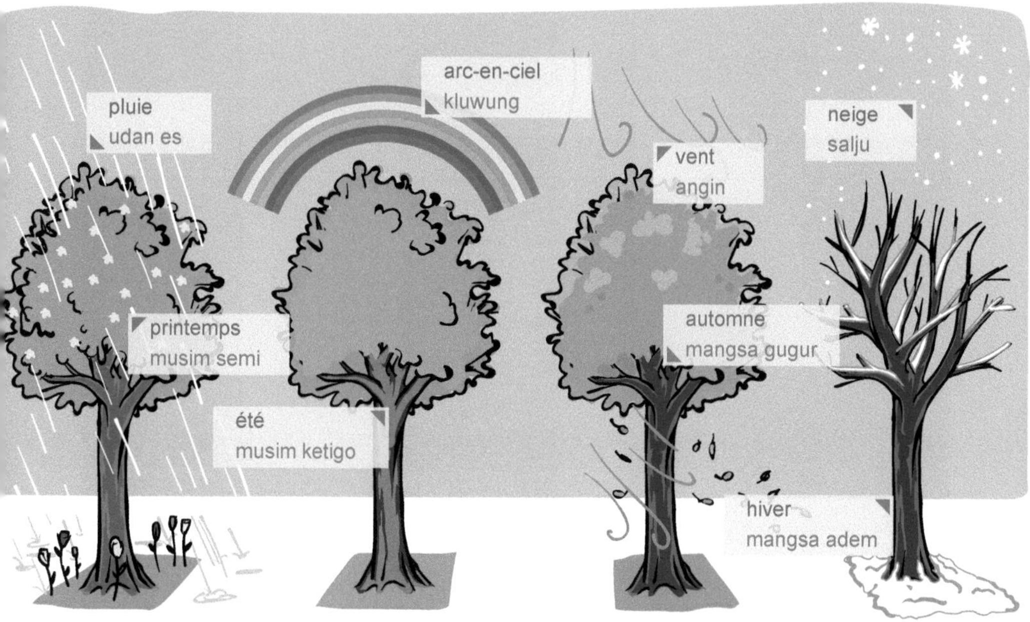

pluie
udan es
arc-en-ciel
kluwung
neige
salju
vent
angin
printemps
musim semi
automne
mangsa gugur
été
musim ketigo
hiver
mangsa adem

4.APRIL 11°
5.APRIL 4°
6.APRIL 13°
7.APRIL 8°
8.APRIL 10°

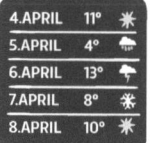

météo

ramalan cuaca

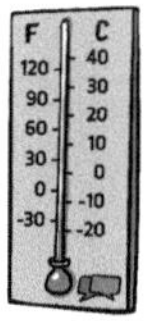

F C
120 90 60 30 0 -30
40 30 20 10 0 -10 -20

thermomètre

termometer

lumière du soleil

srengenge

nuage

mendhung

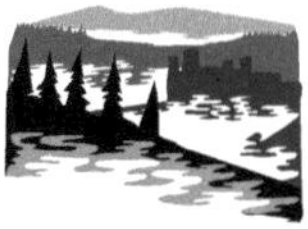

brouillard

kabut

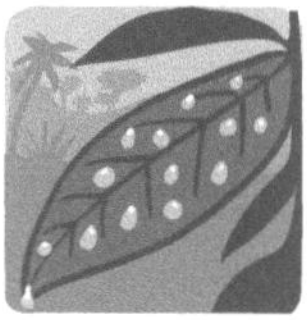

humidité

kelembapan

foudre

kilat

tonnerre

bledheg

tempête

badai

grêle

udan es

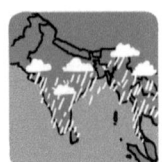

mousson

muson

inondation

banjir

glace

es

janvier

Januari

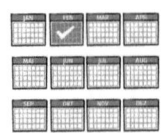

février

Februari

mars

Maret

avril

April

mai

Mei

juin

Juni

juillet

Juli

août

Agustus

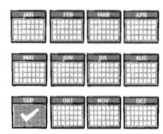

septembre

September

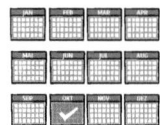

octobre

Oktober

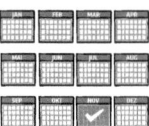

novembre

Nopember

décembre

Desember

formes
wangun

cercle

bunder

carré

kuadrat

rectangle

segi papat

triangle

segi telu

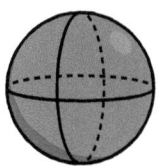

sphère

bal

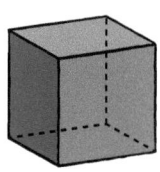

cube

kubus

warna

blanc

putih

jaune

kuning

orange

oranye

rose

jambon

rouge

abang

violet

ungu

bleu

biru

vert

ijo

marron

coklat

gris

abu-abu

noir

ireng

beaucoup / peu

akeh / sithik

fâché / calme

nesu / kalem

joli / laid

ayu / elek

début / fin

pawitan / pungkasan

grand / petit

gede / cilik

clair / obscure

padhang / peteng

frère / soeur

sedulur lanang / sedulur wadon

propre / sale

resik / reged

complet / incomplet

pepak / ora pepak

jour / nuit

awan / bengi

mort / vivant

mati / urip

large / étroit

jembar / sempit

comestible / incomestible

iso dipangan / ora iso dipangan

méchant / gentil

ala / becik

excité / ennuyé

seneng / bosen

gros / mince

lemu / kuru

premier / dernier

pisanan / pungkasan

ami / ennemi

kanca / musuh

plein / vide

kebak / kosong

dur / souple

atos / empuk

lourd / léger

abot / enteng

faim / soif

luwe / wareg

malade / sain

lara / waras

illégal / légal

illegal / legal

intelligent / stupide

pinter / bodo

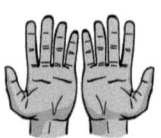

gauche / droite

kiwa / tengen

proche / loin

cedhak / adoh

nouveau / usé

anyar / lawas

rien / quelque chose

ora ana / ana

vieux / jeune

tuwa / enom

marche / arrêt

urip / mati

ouvert / fermé

buka / tutup

faible / fort

anteng / rame

riche / pauvre

sugeh / mlarat

correct / incorrect

bener / salah

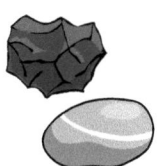

rugueux / lisse

kasar / alus

triste / heureux

susah / seneng

court / long

cendhak / dawa

lent / rapide

alon / banter

mouillé / sec

teles / garing

chaud / froid

anget / adem

guerre / paix

perang / tentrem

0

zéro

nol

1

un / une

siji

2

deux

loro

3

trois

telu

4

quatre

papat

5

cinq

limo

6

six

enem

7

sept

pitu

8

huit

wolu

9

neuf

songo

10

dix

sepuluh

11

onze

sewelas

12

douze

rolas

13

treize

telulas

14

quatorze

patbelas

15

quinze

limolas

16

seize

nembelas

17

dix-sept

pitulas

18

dix-huit

wolulas

19

dix-neuf

songolas

20

vingt

rong puluh

100

cent

satus

1.000

mille

sewu

1.000.000

million

sak yuto

anglais

basa Inggris

anglais américain

basa Inggris Amerika

chinois mandarin

basa Cina Mandarin

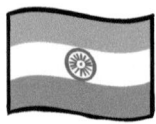

hindi

basa Hindi

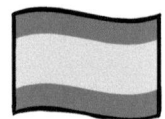

espagnol

basa Spanyol

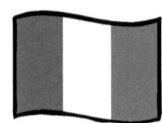

français

basa Prancis

arabe

basa Arab

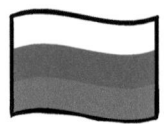

russe

basa Rusia

portugais

basa Portugis

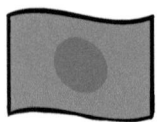

bengali

basa Bengali

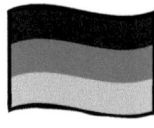

allemand

basa Jerman

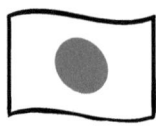

japonais

basa Jepang

je
aku

tu
kowe

il / elle / ce, c', cela
dheweke

nous
kita

vous
kowe kabeh

ils / elles
dheweke kabeh

Qui ?
sapa?

Quoi ?
apa?

Comment ?
piye?

Où ?
neng endi?

Quand ?
kapan?

nom
jeneng

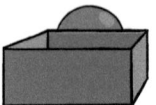

derrière

mburi

dans

ing jero

devant

ing ngarep

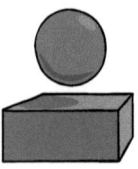

au-dessus

ing dhuwure

sur

ing

en-dessous

ing ngisore

à côté de

sisih

entre

antarane

lieu

panggonan